ÉDIFICES

DE PISE

PARIS. — IMPRIMÉ CHEZ BONAVENTURE ET DUCESSOIS,
55, quai des Grands-Augustins.

ÉDIFICES
DE PISE

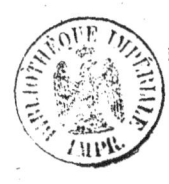RELEVÉS, DESSINÉS ET DÉCRITS

PAR

GEORGES ROHAULT DE FLEURY

PARIS

13, BANCE, ÉDITEUR, RUE BONAPARTE, 13

EN FACE LE PALAIS DES BEAUX-ARTS

1862

À Monsieur Thiers

MEMBRE DE L'INSTITUT

Hommage de l'Auteur.

Monsieur,

Les bontés dont vous m'avez comblé, et les bienveillants encouragements que vous avez donnés à mes études et dont je suis si fier, me font espérer que vous voudrez bien accueillir l'hommage d'un travail que je viens d'achever sur l'Architecture pisane au moyen âge ; heureux si, méritant d'y fixer quelques instants votre attention, je puis trouver une expression à ma vive et profonde reconnaissance.

Je suis avec respect,

Monsieur,

Votre très-humble et obéissant serviteur,

GEORGES ROHAULT.

Paris, ce 17 mars 1862.

ÉDIFICES DE PISE

AU MOYEN AGE [1]

I

Origine de l'art pisan.

La philosophie de l'art accepte tous les styles, quand ils naissent de besoins librement satisfaits, et elle découvre toujours une certaine beauté dans les productions naturelles au génie d'un peuple. En méconnaissant cette vérité essentielle, les historiens des arts tombèrent à une certaine époque dans un aveuglement étrange; ils nièrent le génie de plusieurs siècles et le mérite immense d'avoir créé un style qui leur était propre, et qui est resté l'expression fidèle de leur foi et de leurs mœurs. L'art gothique était sous cette influence couvert du mépris général, comme si la Providence pouvait frapper de stérilité les efforts de générations entières et ne réserver que pour un temps peu étendu et pour un seul peuple les parcelles de beauté qu'elle fait briller dans tous les âges.

Peu s'en fallait que les immortels types de l'art italien au XIe siècle ne fussent enveloppés dans cette proscription fatale, et peut-être la magnifique cathédrale de Pise n'eût-elle pas trouvé grâce devant ces sévères censeurs pour n'être point revêtue des mêmes proportions et des mêmes détails que les monuments antiques.

Il nous semble plus juste de ne point faire acception de l'époque, mais d'envisager d'un même œil toutes les phases qu'ont suivies les arts, et d'y chercher la beauté dans la libre et naturelle expansion des besoins d'un peuple, au lieu de l'assujettir à l'imitation servile de types invariables. Le jugement que l'on portera alors sur chaque siècle sera plus sûr et plus juste; on marquera la déchéance d'un style au point où la recherche s'y glisse et où la fantaisie devenue souveraine fait oublier la simplicité du véritable goût.

[1] Extrait de l'*Encyclopédie d'architecture*, journal mensuel. (Année 1862). Bance, éditeur.

Comme toutes les époques, l'époque pisane, dont nous essayons de rappeler ici rapidement l'histoire et dont les croquis que nous y joignons pourront donner une idée générale, est empreinte des caractères qui déterminent les débuts, l'apogée et la décadence d'un style; nous la verrons sortir d'abord d'un mélange naïf de grec et de lombard, puis sous l'influence de l'Orient et des souvenirs antiques s'élever à son apogée, pour s'éteindre enfin sous des tentatives maladroites de gothique que le sol italien n'a jamais su féconder. Les notes que nous avons recueillies sur cette période de l'architecture suivront donc naturellement les trois divisions qui nous sont ainsi tracées, et nous commencerons par jeter un coup d'œil sur sa naissance et sur l'origine de son magnifique développement.

Avant Charlemagne, Pise était soumise aux Lombards, peuples barbares et complètement étrangers aux arts; l'oppression sous laquelle ils accablaient les peuples conquis étouffait tout développement intellectuel; à Pavie, siège de leur puissance, ils n'ont presque rien laissé de leur goût pour les monuments; à peine à l'église San-Michael retrouvons-nous, sous des constructions postérieures, des restes de leur époque.—On leur attribue cependant deux églises de Lucques élevées sous le vocable de San-Frediano et de San-Michael, dont les dispositions intérieures se sont conservées jusqu'à nos jours. Cette opinion nous fait sentir l'absence d'un style lombard proprement dit, et prouve certainement que la race conquérante, au lieu d'introduire un art qui lui fût particulier, suivit les restes de traditions antiques et fut forcée dans ses rares édifices d'employer des artistes italiens.—En effet, ces deux églises sont élevées sur le plan de la basilique décrite par Vitruve, et on y retrouve le même sentiment d'architecture qu'aux plus anciennes basiliques chrétiennes.

Les arts pour prendre leur essor n'attendaient que l'éloignement de cette barbarie, et ils semblaient suivre les progrès de la liberté. Au viii° siècle, Venise jouissait de son indépendance, et au ix° on y voyait déjà la splendide église de Saint-Marc; ce n'étaient sans doute que les premiers pas dans la voie qui s'ouvrait, et qu'une imitation orientale ; pourtant l'impression profondément religieuse qu'on éprouve sous ses vastes coupoles d'or remplit d'admiration et de respect pour le siècle qui a su les élever.

Comme Venise, les villes italiennes de l'Adriatique semblaient ne respirer que par la mer, et l'Orient leur fournissait toutes leurs inspirations. Les arts y furent aussi moins abandonnés que dans les contrées où s'appesantissait le joug brutal des Lombards.

Enfin parut Charlemagne qui les délivra et ramena chez elles une liberté si nécessaire au développement de leurs arts. Ce grand homme, si supérieur à son temps, ne comprit peut-être pas lui-même l'importance des bienfaits qu'il apporta à l'Italie, en l'affranchissant de ces entraves intellectuelles, et il fut sans le savoir l'auteur d'une renaissance véritable. A son voyage en Italie se rattache la fondation d'une foule d'églises. — A Rome, Sainte-Cécile, Sainte-Sabine, Saint-Georges au Vélabre, Saint-Pierre ès liens, restent comme les témoignages impérissables de la délivrance de la papauté et du retour à la civilisation dont elle fut toujours la mère.

A Florence, San Miniato, d'après l'opinion générale, remonte aussi à Charlemagne. Or, cette église marque un point important dans l'histoire de l'art roman et indique presque son origine.—Elle affecte le plan de la basilique, sauf les arcs destinés à fortifier les murs de la grande nef, qui plus tard donnèrent naissance aux voûtes d'arête. La physionomie générale du plan, la silhouette de la coupe si bien accusée au dehors, peuvent être considérées déjà comme des signes précurseurs de l'art pisan.

La petite église des Saints-Apôtres à Florence, non moins ancienne que San Miniato, s'en rapproche encore plus; les nefs, la tribune circulaire du chœur, la coupe générale se retrouvent au dôme de Pise.

A Ancône, l'église Saint-Cyriaque; à Torcello, la cathédrale fondée par Orso, fils du doge Pietro Orseolo, annoncent aussi l'époque qui s'ouvrait.

(Planche I.) *San Paolo a Ripa.*—Ces caractères d'architecture et l'antique disposition de la basilique avaient paru à Pise pour la première fois dans l'église San Paolo a Ripa, dont la fondation date précisément de l'entrée triomphale de Charlemagne dans cette ville; on y remarque, il est vrai, une modification à la basilique proprement dite dans les deux ailes à droite et à gauche du chœur pour figurer la croix, mais le style général de l'édifice en conserve l'empreinte. Ainsi qu'à la plupart des monuments, la construction appartient à plusieurs époques; à celle de Charlemagne correspond sans doute le soubassement, composé de petites pierres qui s'élèvent à une hauteur de quelques mètres; la partie au-dessus, formée de marbres et de matériaux plus riches, est très-postérieure.—La façade est de cette dernière époque et même plus moderne, si l'on en juge par l'abondance d'ornements qui la surchargent. L'intérieur semble dater du ix° siècle. Plusieurs arcades accusent la forme aiguë que les Pisans avaient sans doute rapportée de leurs fréquentes relations avec les Arabes, nous verrons plus tard cette tendance à élever le cintre, que favorise la construction, se manifester encore aux grands arcs doubleaux du Dôme.

Cependant les Pisans ne tardèrent pas à se former en république; avant la fin du ix° siècle, ils chassèrent les ministres des empereurs, dont les vexations loin de la présence du souverain devenaient insupportables. Plusieurs églises qu'on voit encore à Pise datent de ces commencements de liberté et d'indépendance.

(Planche II.) *San Pietro a Grado.*— Les premières années du x° siècle virent s'élever l'église San Pietro a Grado, située à deux milles environ de Pise; elle se trouvait au bord de la mer, dont le rivage, reculé par les atterrissements de l'Arno est aujourd'hui fort éloigné. C'est là, selon la tradition, que l'apôtre saint Pierre débarqua pour la première fois en Italie, et ce fut pour perpétuer ce précieux souvenir qu'on bâtit l'église sous le vocable de San Pietro a Grado.—Le plan, comme toujours alors, fut imité dès anciennes basiliques, et le chœur était tourné du côté de la mer. Vers l'an 1100, on reporta le chœur au levant, et, dans cette condition nouvelle, l'église fut comme doublée; ce second chœur a trois tribunes, correspondant aux trois nefs. Il n'y avait, du reste, rien d'insolite dans cette modification, dont on voit un exemple bien frappant à Rome dans l'église Saint-Laurent hors les murs.

Sant'Alessandro (Lucques).—Parmi les plus anciennes églises de la Toscane, nous trouvons celle de Lucques, dédiée à saint Alexandre; on croit qu'elle remonte au ix° siècle ; ce qu'il y a de certain, c'est qu'elle est mentionnée dans un parchemin de 1056, conservé dans les archives de l'archevêché. La sévérité du plan, l'élégance des profils si fins et si purs qu'ils semblent appartenir aux beaux temps de la Grèce, offrent l'exemple le plus remarquable du style qui précéda l'érection du dôme de Pise.

San Michael in Borgo. — Nous citerons encore San Michel in Borgo à Pise, église extrêmement ancienne, quoique les traces de son antiquité semblent avoir disparu sous les diverses restaurations qu'elle a subies. Par une heureuse exception, l'histoire de ce temps nous a conservé le nom de son auteur, ou du moins de l'un des premiers restaurateurs. D'après la tradition, cette église aurait été autrefois un temple païen; un certain Étienne, l'un des premiers citoyens de Pise, auquel elle appartenait, désirant la compléter et la transformer en abbaye, fit venir du célèbre monastère Nonantulano deux moines, Buono et son oncle Pietro.

Buono passa à Pise les fêtes de Noël vers l'année 990; il habitait une petite maison avec tour contiguë à l'église, qui jusqu'alors était desservie par des prêtres ordinaires, et qui un an après fut dédiée à saint Michel sous la règle de Saint-Benoît. Buono, plein de zèle pour son entreprise, alla à l'île d'Elbe et même à Rome qui était alors une source inépuisable de fragments antiques, pour choisir les colonnes qu'il fit transporter à Pise. Il augmenta la longueur de l'église San Michel et bâtit un nouveau campanile. Sur la façade, dont nous parlerons plus tard, une des deux figures à genoux devant la Madone est, à ce que l'on rapporte, le portrait du vieux architecte Buono.

La nef n'a sans doute conservé de cette époque que les colonnes, mais sous le chœur on retrouve une crypte fort ancienne, que les eaux de l'Arno viennent souvent inonder et qu'on a dû abandonner; elle est partagée en deux par une rangée de piles qui soutiennent six voûtes d'arêtes. Sur ces voûtes on voit encore des traces de peintures représentant des griffons, des lions et des oiseaux; ces animaux fantastiques sont encadrés dans des cercles que relient entre eux de petites rosaces.

San Frediano. — Pour compléter ces notes sur l'architecture religieuse de Pise à ses débuts, nous devons mentionner encore l'église de San Frediano. On croit qu'elle fut fondée en l'an 1007, et on regarde d'ailleurs comme certain qu'elle est antérieure à la cathédrale. Le plan, malgré l'addition des chapelles qui lui ont beaucoup ôté de son caractère primitif, accuse bien la forme de la basilique, et la façade conserve dans sa partie inférieure le cachet de cette époque reculée.

ARCHITECTURE CIVILE. -- Pendant que l'architecture religieuse suivait les progrès que nous venons de constater, l'architecture civile, quoique très-fortement empreinte du caractère militaire, n'était pas complétement négligée. Malgré les révolutions et le changement d'usages qui en ont beaucoup plus altéré les restes que ceux des églises, on peut, d'après les traces que le temps a respectées, entrevoir ce qu'était Pise avant le XIe siècle.

(Planche III.) *Divisions par quartiers.* — Selon la tradition d'accord avec d'anciens vestiges, il paraît que Pise se divisait alors en trois parties distinctes : le Bourg et la Vieille Ville, sur la rive droite de l'Arno, et la Chinsica sur la rive gauche. Le souvenir de cette division nous est transmis dans une convention de 1110, conclue entre la république pisane et la comtesse Mathilde [1].

La première partie, ou l'ancienne ville, était sur l'emplacement appelé de nos jours Rivolta, et où se trouvent les églises Saint-Zénon et Saint-Laurent. On y voit aussi des ruines de bains antiques qui attestent l'ancienneté de ce quartier. Il est probable que cette vieille ville avait été abandonnée pour se rapprocher de l'Arno, ce qui devait présenter un double avantage au point de vue de la défense et du commerce. On ne trouve plus aujourd'hui de vestiges certains de cette ancienne situation, et la partie de la ville appelée le Bourg offre plus d'intérêt aux recherches archéologiques; au XIe siècle il formait la ville proprement dite, placée tout entière sur la rive septentrional de l'Arno.

Cette petite cité était entourée de murailles, dont une des portes se retrouve encore derrière le palais *alla Giornata*; on l'appelait *porta Aurea*. Comme les portes antiques, elle se compose d'un arc principal et de deux portes plus basses de chaque côté. Les arcs sont extradossés, et la perfection de la construction permet d'en fixer la date au Ve ou VIe siècle. — Le sol actuel de cette porte est de 2 mètres environ plus élevé que le sol antique, ce qu'explique parfaitement l'exhaussement considérable du lit du fleuve.

Près de l'ancienne église San Felice on trouve des restes de constructions qu'on dit avoir fait partie des mêmes bâtiments d'enceinte. Enfin un ancien manuscrit, qui date de la fondation de San Matteo, indique que cette église se trouvait en dehors et tout près des

---

[1] Item studiose non capiemus (ainsi le promettent Ubaldo et sa femme Mathilde), nec aliquá personá nostro consilio, vel assensu aliquam personam Pisanæ civitatis et *Kintice* et *Pora-Porta* et de eorum *Burgis*.

murailles de la ville. Ces données peuvent servir de jalons pour établir approximativement les limites du Bourg de Pise.

La rue principale de la ville a conservé ce nom de Bourg, et avec ce nom primitif beaucoup de restes de ces vieux siècles. Les maisons voisines de Saint-Michel, l'église dont nous parlions tout à l'heure, présentent dans leurs arcades du bas des sculptures très-anciennes; on y voit des chapiteaux à feuilles plates, d'autres ioniques et qui portent le caractère de la décadence romaine, des piles octogonales et une construction en petites pierres, indice certain d'une époque très-reculée. Ces portiques devaient être appuyés à des édifices beaucoup plus élevés qu'on appelait tours à cause de leur hauteur et qui pouvaient servir à la défense de l'intérieur de la ville, après même que l'enceinte en eût été forcée par l'ennemi.

On comptait encore une population assez nombreuse dans la troisième partie de Pise, appelée Chinsica; ce nom lui venait, dit-on, d'une dame Chinsica Sismondi qui par ses cris avait prévenu les habitants d'une attaque imprévue des barbares et les avait ainsi sauvés. La figure fruste aujourd'hui qu'on voit près de saint Martin et qu'on appelle *Madonna Chinsica*, aurait été faite en son honneur et en mémoire de ce service. Quoi qu'il en soit, dans les commencements de la puissance pisane, la Chinsica n'était qu'un faubourg bâti tout en bois et si peu défendu, que le roi Musetto, profitant de l'absence d'un grand nombre de ses habitants, put la saccager et la brûler. Rien n'autorise même à croire que le port y fût placé, car les anciens auteurs semblent en indiquer la position vers l'embouchure de l'Arno. Mais bientôt ce faubourg lui-même va devenir une partie importante de la ville. La république, devenue alors puissante par ses succès, touche à l'apogée de sa grandeur politique et commerciale, en même temps qu'à l'apogée de sa gloire artistique. C'est à cette époque que s'ouvre cette brillante école d'architecture qui était destinée à jeter un si vif éclat sur la fin du XIe et sur le XIIe siècle.

II

Apogée de l'art pisan.

BUSCHETTO.—En 1050, les Pisans s'étaient définitivement rendus maîtres de la Sardaigne, leurs flottes victorieuses régnaient dans toute la Méditerranée et de glorieuses expéditions avaient grandi leur ascendant et leur puissance maritime. En 1063, sous le commandement de Giovanni Orlandi, un de leurs consuls, ils s'étaient emparés de Palerme, dont les riches dépouilles remplirent six vaisseaux.

Une des acquisitions les plus précieuses de leurs expéditions fut celle de Buschetto, l'immortel auteur du Dôme. D'après l'inscription placée sur son tombeau, il serait originaire de Dulichium, et on dit qu'il fut élevé à la dignité d'archevêque. Depuis que Constantin avait transporté le siége de l'empire à Constantinople, l'Italie était devenue pauvre d'artistes, et tandis qu'elle se parait des monuments rapportés de Grèce, elle en recherchait aussi les artistes. Pise reçut ainsi de l'empire d'Orient le savant profond [1], l'artiste éminent qui la dota de sa magnifique basilique et qu'on doit regarder comme le point brillant où commence la renaissance architecturale et comme la souche d'une école qui fleurit en Italie pendant plus de deux siècles [2].

Sans doute il ne fut pas l'inventeur du style qu'il mit en honneur; sans doute il s'inspira de la basilique de Vitruve, il puisa dans les monuments déjà existants et dont nous avons passé quelques-uns en revue des motifs de décoration pour ses façades; sans doute il emprunta des détails au style grec et il réunit un grand nombre de fragments antiques qu'il trouva sur place. Mais ce grand homme, par l'emploi judicieux des magnifiques éléments qu'il avait sous la main, par l'harmonie dont il sut pénétrer son œuvre immense, eut le mérite et la gloire d'un véritable créateur. Or, le nom de créateur ne saurait s'appliquer dans les arts à ces tristes inventeurs qui, cherchant toujours du nouveau, ne sont que de déplorables exemples d'orgueil et d'infécondité. Les arts se suivent comme une chaîne sans fin à travers les âges, ils vivent de la tradition, et si cette chaîne vient à se briser, cette tradition à se perdre, on se trouve alors au milieu d'un labyrinthe obscur et inextricable de folles innovations. Laissons donc à Buschetto la plus large part de gloire dont la postérité puisse combler une grande mémoire, et tâchons en examinant ces vieilles

---

[1] Une inscription conservée dans la basilique de Pise prouve en effet que Buschetto eut des talents supérieurs dans les sciences mécaniques.

Quod vix mille boum possent juga juncta movere
Et quod vix potuit per mare ferre ratis
Busketti nisu quod erat mirabile visu
Dena puellarum turba levabat opus.

[2] C'est ce que Vasari reconnaît en disant :
« Fu rarissimo Busketto, che diede principio al miglioramento degli arti del disegno in Toscana e fu gran cosa metter mano a un corpo di chiesa così fatta di cinque navate e quasi tutto di marmo dentro e fuori. »

pierres, souvenir de son génie, d'en deviner les secrets et d'en étudier les précieuses leçons.

(Planches IV et V.) *Le Dôme. — Sa construction.* — Sous l'influence de cette belle pensée que conçurent les Pisans de perpétuer la gloire de leurs triomphes dans un hommage au Dieu auquel ils les devaient, on s'occupa aussitôt de chercher l'emplacement le plus convenable pour ériger ce pieux trophée. La ville elle-même, telle que nous avons essayé de la décrire, était évidemment trop exiguë pour contenir la plus grande basilique qu'on eût élevée depuis Constantin; il fallut chercher une place en dehors de l'enceinte. A une petite distance de ses murs, à peu près sur les fondements des thermes ou du palais d'Adrien, dont beaucoup de ruines existaient encore, s'élevait une vieille église sous le vocable de Santa Reparata; ce fut là qu'on se décida à construire la nouvelle église, au milieu d'un terrain marécageux qu'on dut assainir. On démolit Santa Reparata et Buschetto commença son œuvre en l'année 1063. — Alexandre II occupait alors le souverain pontificat, Henri II était empereur, et Guidone, originaire de Padoue, remplissait le siége épiscopal de Pise.

Le plan sur lequel est assise la cathédrale ne nous paraît pas être complétement celui de Buschetto; le vague des traditions, l'incendie dont les archives de la fabrique furent la proie, ne donnent, il est vrai, aucun renseignement à cet égard, mais sur les murs eux-mêmes on retrouve assez clairement la modification apportée au plan primitif.

Il est présumable que ce plan se rapprochait beaucoup plus de la forme grecque et la nef avait trois travées de moins qu'aujourd'hui.

Si l'on examine attentivement la face méridionale à partir du portail, on reconnaît qu'au droit du sixième pilastre il existe une partie qui a moins tassé que les deux extrémités de l'église. Tout l'édifice, fondé sur un sol peu ferme, a tassé d'une manière très-notable, mais inégalement; vers le transsept, ce tassement est de 1 mèt. 20 et celui vers la façade de 0 mèt. 60 plus grand qu'au cinquième pilastre. Ce point plus résistant sert de démarcation entre deux natures de constructions très-différentes : celle du côté de la façade, celle du côté du chœur. Nous l'avons observé très-nettement dans les fondations que nous avons vues découvertes et dans l'élévation, au moins jusqu'à moitié de hauteur de la façade. Le blocage des fondations vers le chœur est composé d'un mortier plus gris, il comprend dans le béton un plus grand nombre de morceaux de briques; tandis que du côté de la façade, le mortier est plus riche en chaux et les éléments de blocage plus gros et combinés avec plus de soin. En élévation les matériaux sont plus petits vers le chœur, les remplissages des pilastres jusqu'à moitié de la hauteur sont en marbre noir, recouvert par le temps d'un lichen jaune qui donne une teinte uniforme à tout l'édifice ; au-dessus de ces petits matériaux et vers la façade, depuis le sol jusqu'à la corniche, l'appareil se compose de quatre ou cinq assises blanches et d'une assise noire.

Précisément au point où la construction se modifie dans la partie supérieure, on voit dans les fondations du midi un gros bloc de marbre, espèce de libage qui présente sa tête vers la façade et d'une dimension suffisante pour porter un pilastre d'angle. Des sondes que nous avons faites du côté du nord au pilastre correspondant nous ont montré le même changement de construction, et quoique la pierre angulaire ne s'y trouve pas, nous ne considérons pas moins ce point comme la limite de l'ancienne église de Buschetto et nous croyons que si l'on pouvait faire une fouille dans le pavé de l'église on découvrirait l'ancienne fondation d'une façade inachevée[1]; nous avons signalé les différences de tassement dans les murs de face ; si l'on entre dans l'église on remarquera que toute la partie de l'église posée sur la ligne transversale en question, depuis les fondements jusqu'aux corniches, s'est moins affaissée et a moins tassé que le reste, ce qui corrobore notre observation sur les fondations.

Le changement de décoration confirme les preuves données pour la construction ; il signale la présence d'une autre main et d'un autre architecte, et permet de penser que Buschetto avait à peu près terminé l'ouvrage avant sa mort. On doit donc en conclure qu'il en fut à Pise comme à Saint-Pierre de Rome, où le plan de Michel-Ange fut défiguré par l'allongement de la grande nef qui cacha le dôme; ainsi, quoique l'église n'eût pas l'étendue qu'on lui donna ensuite, son style et son ensemble étaient peut-être plus fermes qu'ils ne le devinrent; et dans tous les cas le mérite d'avoir achevé cet immense édifice eût peu ajouté à la gloire de l'auteur. Les proportions étaient fixées, le plan en était en partie tracé, et cette belle conception a suffi pour attirer sur lui l'admiration de la postérité.

RAINALDO. — Après la mort de Buschetto les travaux furent naturellement confiés à Rainaldo qui l'avait

---

[1] Voir pour le plan l'indication en teinte grise de cette fondation présumée.

secondé pendant la première partie de la construction, et qui, plus que tout autre, avait dû hériter de son talent. Une inscription placée sur la façade nous révèle ainsi le nom et la gloire de Rainaldo.

Hoc opus eximium, tam mirum, tam pretiosum Rainaldus prudens operator, et ipse magister, constituit mire solerter et ingeniose.

Cette inscription fit naître l'opinion que Rainaldo avait été associé à Buschetto, tandis que les mots *hoc opus* peuvent très-bien ne s'entendre que de la façade, et que le mot *operator* signifie employé, dirigeant les ouvriers sous les ordres du maître ; *et ipse magister* nous paraît indiquer qu'il devint lui-même maître des œuvres ; ce mot *ipse* semble d'ailleurs établir la différence entre *operator* et *magister*. Il eut le premier de ces titres avant la mort de Buschetto, et le second quand il lui succéda dans la direction des travaux. Rainaldo ne revendiquait pas pour lui seul la gloire d'avoir élevé ce magnifique monument, car il fit placer sur la façade même dont il était l'auteur le tombeau de son maître, et une pompeuse inscription en son honneur, comme pour dire à la postérité qu'elle devait lui réserver sa plus large part d'admiration [1].

L'édifice se trouva terminé vers 1100, et sa dédicace eut lieu en 1118 par le pape Gelase II.

Description.—Après avoir exposé rapidement l'histoire de la construction de cette belle basilique, nous allons essayer d'en décrire les diverses parties, et d'énumérer ses richesses ; nous tâcherons de montrer ainsi combien ce merveilleux monument était digne de l'honneur que lui fit l'Italie en imitant pendant longtemps son style.

(Planche VI.) La façade comprend cinq ordres de colonnes, le premier à rez-de-chaussée est engagé dans le mur ; il se compose de six colonnes en marbre, d'un travail grec de la décadence, et de sept arcs qui reposent au-dessus ; au milieu et de côté s'ouvrent trois portes. Les deux colonnes qui accompagnent la porte du milieu sont remarquables par la richesse de leur ornementation ; les intervalles en marbre blanc sont divisés par des bandes de marbre noir. Le second ordre se compose de 18 colonnes portant des arcades isolées du mur, et formant une galerie élégante, d'où se tirent les jours de l'extrémité de la nef. Le troisième ordre compte autant de colonnes, mais celles des deux côtés diminuent de hauteur, de sorte qu'il n'y a plus qu'un chapiteau à la dernière, procédé hardi qui a permis d'accuser franchement la silhouette de l'église. Le quatrième ordre, formant aussi une galerie, se compose de neuf colonnes correspondant à la grande nef ; enfin, le cinquième ordre n'a plus que sept colonnes, dont la pente à droite et à gauche dessine le toit de la nef principale.

Tous les tympans sont décorés d'arabesques et d'incrustations de porphyre rouge ou vert dans du marbre blanc ; presque toutes ces incrustations ont disparu, et il ne reste plus que leurs entailles. Des têtes d'hommes et d'animaux décorent les clefs et les retombées des arcs ; une des corniches se compose aussi d'une suite d'animaux, dont la sculpture grecque est très-grossière. Trois statues, pleines de la simplicité naïve que le moyen âge imprimait à beaucoup de ses œuvres sont placées aux angles du fronton.

En continuant latéralement notre examen de la décoration extérieure, nous trouvons une série de pilastres et d'arcades engagées, et des pilastres plus larges qui accusent fortement les angles ; la corniche qui les surmonte, imitation grossière de l'antique, se compose d'une cymaise et d'un talon ornés de feuilles et de raies de cœur ; elle règne dans tout le pourtour de l'édifice, excepté à l'abside, sur la façade et sur les retours de la façade où elle semble plus soignée.

La loge de la tribune circulaire de l'abside est composée de colonnes très-variées et en très-beaux marbres ; leurs chapiteaux, dont plusieurs sont antiques, offrent généralement un travail exquis. La décoration de cette tribune rappelle celle de la façade avec ses colonnes engagées dans le bas, et couronnées de galeries à jour.

On compte en tout dans l'église 450 colonnes [1].

[1] Busket. Jace... hic..... ingeniorü
Dulichio... prevaluisse duci
Menib' Iliacis cantus dedit ille ruinä
Hujus ab arte viri menia mira vides.
Calliditate sua nocuit Dux ingeniosü
Utilis iste fuit calliditate sua.
Nigra Dom' Laberinthus erat tua Dedale lausé
At sua Busketü splendida templa probant.
N haber explü niveo de marmore templü
Quod fit Busketi prorsus au ingenio.
Res sibi comissas templi cü lederet hostis
Providus arte sui fortior hoste fuit.
Molis et immense pelagi quas traxit ab imo
Fama columnarum tollit ad astra virum
Explendis a fine decem de mense diebus
Septembris guandeus deserit exilium.

[1] Colonnes de la façade et des fenêtres..........	70	
Colonnes réparties sur les murs...................	124	
Colonnes de la coupole...........................	48	
Nombre total des colonnes extérieures..........	242	242
Colonnes au rez-de-chaussée dans l'église..........	70	
Colonnes des autels et autres décorations.........	32	
Colonnes des galeries supérieures.................	106	
Nombre total des colonnes intérieures..............	208	208
Total général...............		450

Mais outre les colonnes et les chapiteaux qui décorent les façades, on trouve encore sur les murs un assez grand nombre de fragments et d'inscriptions, dont quelques-unes ont trait à des parties intéressantes de l'histoire de Pise.

Les fragments des bains d'Adrien ont servi à cette construction; le nom de cet empereur se lit sur plusieurs d'entre eux [1]. Outre les inscriptions antiques qui ne se trouvent là que par hasard, on en trouve d'autres de deux espèces bien distinctes : celles en caractères romains, et celles en lettres gothiques du xiiie siècle. Les premières datent de l'origine de l'église, et la plupart se rattachent à des tombeaux ; plusieurs avaient été cachées par les gradins construits au xiiie siècle autour de l'église. On doit conclure de là qu'avant la construction du Campo Santo, le cimetière environnait la cathédrale dont les murs recevaient des inscriptions en l'honneur et en souvenir des morts. En 1838, dans les fouilles pratiquées près du dôme, nous avons vu un nombre considérable d'ossements et de tombes peu éloignées du sol.

Planche VII.— Après cet examen de l'extérieur de l'église, nous trouvons sous les cinq nefs si belles et si mystérieuses de l'intérieur, des trésors non moins intéressants, et peut-être plus de grandeur dans la composition. Au rez-de-chaussée, 56 colonnes soutiennent sur leurs arcs les galeries intérieures ; 5 sont en granit rose égyptien, et 14 en marbre de Serravezza, de Cipolin, de brèche violette, etc. Leurs chapiteaux sont presque tous antiques et variés. Les galeries du 1er étage sont jumelées, et l'une d'elles formant une espèce de pont traverse des deux côtés les bras de la croix. Ces dispositions rappellent les triforiums des églises gothiques, dont l'effet est si heureux.

Ce vaste vaisseau ne reçoit de jour que par de petites fenêtres assez distancées, et les pâles filets de lumière qui s'en échappent vont se perdre au milieu de cette forêt de colonnes qu'ils pénètrent d'un profond mystère. La grande figure de N. S. qui orne le fond de la tribune, ajoute par son attitude majestueuse et par les reflets d'or qui l'auréolent dans l'ombre, au respect qui vous saisit. Depuis l'antique parement que l'on foule aux pieds, jusqu'au lustre de bronze dont les oscillations nous rappellent les méditations qu'elles inspiraient à Galilée, tout dans cette immense et religieuse enceinte trouve son écho et réveille un pieux souvenir au fond de l'âme.

Ce n'est que sous cette impression profonde qu'on s'explique la révolution introduite dans les arts par ce monument; ce n'est qu'en la partageant qu'on arrive à comprendre l'admiration qu'il inspira aux contemporains de sa construction ; et cette séduction qui entraîna pendant deux siècles les artistes italiens à y chercher leurs leçons et leurs modèles. Presque à lui seul, cet édifice détermine une époque, et il sert de point de départ à l'école brillante qui s'ouvrit aussitôt.

Dioti-Salvi.—Cependant les progrès de la puissance de Pise ne s'étaient pas arrêtés à la prise de Palerme; l'expédition des Iles Baléares l'augmenta encore et lui permit de donner un nouvel éclat et un plus grand développement aux arts qui s'étaient réveillés chez elle. A cette époque la célèbre comtesse Mathilde, dont le courage et le dévouement à la papauté ont fait l'admiration de la postérité, contribua puissamment à ce mouvement.—Elle donna de grands biens au Dôme de Pise et fonda un très-grand nombre d'églises qui offrirent aux artistes l'occasion d'exercer leurs talents. Ces constructions religieuses servirent à conserver l'école de Buschetto et à continuer les beaux exemples qu'il avait donnés.

Pénétré des principes de leur maître qu'ils ne copiaient pas plus servilement que celui-ci n'avait imité ses prédécesseurs, les architectes du xiie siècle continuaient à chercher leurs inspirations en Orient, où le commerce et les expéditions conduisaient sans cesse les flottes pisanes. Les relations avec le Levant en faisant connaître le plan du Saint-Sépulcre de Jérusalem, donnèrent naissance à deux édifices qui portent cependant le même cachet de style que le Dôme, l'église du Saint-Sépulcre et le Baptistère. Dioti-Salvi, originaire de Sienne et de la noble famille des Petroni à ce que l'on croit, fut chargé de leur construction.

On sait que l'ordre des Templiers fut fondé à Jérusalem en 1118 et qu'en 1187, après la chute du royaume de Jérusalem, ils se répandirent dans toute l'Europe où ils comptèrent jusqu'à 9,000 maisons. Il paraît que même avant ce temps, cet ordre possédait des établissements en dehors de la Palestine et le couvent

---

[1] Voici celle où les caractères sont le plus visibles et le mieux conservés :

Imp. Caesari. Divi Hadriani
Fil. Divi Traiani Part. Nep.
Divi Nervae. pronepoti.
T. Aelio. Hadriano.
Antonino. Aug. pio. pont.
Max. Trib. potest III. Cos. III, P.P
indulgentissimo.
principi.

qu'ils bâtirent à Pise, vers la moitié du XII⁰ siècle est sans doute un des plus anciens. Pleins du souvenir du Saint-Sépulcre, ils demandèrent en 1153 à Dioti-Salvi de leur construire une chapelle qui leur rappelât le lieu saint qu'ils étaient chargés de défendre.

Planche VIII.—*Église du Saint-Sépulcre.*—On pourrait douter de cette origine si l'on comparait l'église actuelle du Saint-Sépulcre de Jérusalem avec celle qui nous occupe et qui ne lui ressemble aucunement; c'est que l'église de Jérusalem a été modifiée tandis celle de Pise a conservé la forme primitive. En effet sur le sceau des chanoines qui desservaient le Saint-Sépulcre de Jérusalem au XII⁰ siècle, seul souvenir de ce qu'il était alors, on retrouve exactement la silhouette et la disposition adoptée par Dioti-Salvi. L'ouvrage publié dernièrement par M. le comte de Voguë sur les églises de Palestine donne une figure de ce reste curieux d'archéologie. On y devine la forme du toit, les voûtes plus basses au pourtour et couvertes d'un toit polygonal, enfin les jours pris au-dessus de ce toit pour éclairer la coupole. Il est bien évident cependant que Dioti-Salvi ne suivit pas servilement l'exemple qu'on lui avait proposé, mais qu'il le revêtit du style pisan de Buschetto : ainsi les arcs en ogives rappellent les arcs doubleaux de la cathédrale ; les fenêtres, les portes, les moulures sont empreintes du même caractère.

Le campanile à demi démoli et reconstruit en briques était du même architecte ; dans un angle du soubassement on lit cette inscription qui devrait laisser peu de doute sur l'auteur de ce monument : *Hujus operis fabricator D. S. Te Salvet nominatur.*

Planche IX. — *Baptistère.* — Précisément à cette même époque Dioti-Salvi commença le baptistère de Saint-Jean en face la cathédrale; l'inscription en lettres gothiques qu'on lit sur le premier pilier à droite en entrant, fait foi de la date : M C L III. *Mense Aug. fundata fuit hæc ecclesia ;* et celle qu'on voit sur l'autre face rappelle le nom de l'auteur : *Dotisalvi, magister hujus operis.* Ce fut sous le consulat de Bocco di Tacco Griffi que les fondations furent jetées. Cinetto Cinetti et Arrigo Cancellieri, tous deux originaires de Pise, furent choisis pour seconder Dioti-Salvi et surveiller les travaux sous sa direction.

On posa ainsi les deux premiers ordres de colonnes, puis faute d'argent l'ouvrage resta en suspens. Les dons de Roger, roi de Sicile, avaient déjà puissamment aidé à cette construction, mais pour l'achever on fut obligé d'avoir recours à une contribution générale. Il se trouva alors trente-quatre mille familles qui s'y associèrent en payant chacune un denier ou sol d'or, ce qui équivalait à un florin.

L'œuvre put alors se poursuivre, mais l'histoire de sa construction nous fournit peu de renseignements. A défaut de ces renseignements, on peut voir dans l'édifice lui-même des parties commencées puis abandonnées, qui témoignent de l'incertitude des plans ou des modifications qui furent sans doute apportées au plan primitif.

Planche X.—Au niveau des grandes impostes intérieures, on voit des naissances de voûtes d'arêtes, ornées de grosses baguettes qui en décorent les nervures ; puis ce commencement de construction semble avoir été interrompu pour faire place à une voûte en berceau beaucoup plus haute et coupée de distance en distance par des arcs doubleaux; des fenêtres s'ouvrent sous la naissance de ce berceau annulaire, de sorte qu'ayant dû être bouchées par les voûtes d'arêtes, elles sont nécessairement le résultat de la modification. Nous ne saurions dire si Dioti-Salvi fut l'auteur de ces changements, au moment où il achevait l'édifice ; ce qui paraît certain c'est que ses successeurs en apportèrent de bien plus graves. En effet sous la coupole écrasante qui couronne le baptistère aujourd'hui, sous le fatras de gothique dépaysé, on retrouve une forme de toit plus svelte et plus élégante qui décèle la même main qu'a l'église du Saint-Sépulcre. Enfin comme l'indique le sceau des chanoines de Jérusalem, dont nous parlions tout à l'heure, le cône était tronqué par le haut, et laissait par cette ouverture l'air et le jour pénétrer à l'intérieur.

En résumé, nous pensons que dans les premières intentions de l'auteur, il devait y avoir au-dessus du rez-de-chaussée deux rangs de loges couronnées par un toit conique qui les rattachait au grand cône. — Par une première modification on renonça aux voûtes d'arêtes commencées, on releva le premier toit et on supprima la seconde galerie circulaire, qui fut remplacée par un attique. Enfin, dans un dernier changement, qu'explique la décadence de l'art pisan, on ajouta ce comble sphérique qui cache une grande partie du cône auquel il est si mollement relié; on termina aussi mollement le cône tronqué par une calotte hémisphérique qui fut enjolivée de ces fioritures gothiques dont la prétention forme une triste disparate avec la sévère simplicité du soubassement.

L'extérieur, tel que nous le trouvons aujourd'hui,

se compose de deux ordres de colonnes corinthiennes engagées dans le mur lesquelles soutiennent des arcs en plein cintre, comme dans les autres édifices de cette époque. A chaque entre-colonnement du rez-de-chaussée correspondent trois arcs de l'ordre supérieur, surmontés à leur tour par les ornements bizarres dont il a déjà été question.

A l'intérieur trois gradins sont disposés tout autour de l'église et forment une espèce d'amphithéâtre qui facilitait aux fidèles la vue des cérémonies au centre du baptistère. Douze colonnes isolées soutiennent une galerie circulaire au premier étage. Au milieu du baptistère est une grande cuve octogone en marbre avec des rosaces très-détaillées, sculptées, dit-on, par le Siennois Lino. Elle est élevée de trois degrés et diffère de celles des autres baptistères, en ce qu'elle est divisée en cinq compartiments dont le plus grand est au centre. Le prêtre devait se tenir dans la division centrale d'où, pouvant facilement se retourner de tous côtés, il était à portée de baptiser dans les cuves où l'on plongeait les enfants.

BONNANO.—Nous ne devons pas oublier que les chefs-d'œuvre de la cathédrale et du baptistère avaient été placés hors de la ville et par conséquent privés de la protection des remparts; les Pisans, toujours en querelle avec leurs voisins, durent craindre que ces beaux monuments ne fussent saccagés par leurs ennemis; aussi songèrent-ils, dès le temps de la construction du baptistère, à élargir leur enceinte pour les y envelopper. Le tracé de ces nouvelles fortifications fut confié à Bonnano, aussi habile à défendre les villes qu'à les décorer de magnifiques édifices.

Planche III.—*Élargissement de l'enceinte fortifiée.*— L'exécution en fut commencée en 1155, c'est-à-dire deux ans après la fondation du baptistère, et la muraille s'éleva d'abord depuis *la Porta al Mare*, jusqu'à *la Porta al Leone*, c'est-à-dire sur tout le côté de la ville qui fait face à la mer. On construisit sans doute en même temps l'arsenal, qui se rattachait à cette partie de l'enceinte. Cet arsenal formait une espèce de trapèze séparé de la ville, et entouré de murailles; deux tours appelées Guelfa et Ghibellina, dont les ruines subsistent encore, en défendaient les approches.

Bonnano continua ensuite l'enceinte du côté du nord de manière à envelopper la vieille ville; en 1156, les murailles de Pise s'étendirent jusqu'à la porte Calcesana et en 1158, jusqu'au Ponte alla Fortezza, ce qui compléta la clôture de la ville dans toute sa partie septentrionale; au XIIIe siècle elles entourèrent aussi le faubourg méridional de Pise.

Campanile du Dôme.—Bonnano, après avoir donné ces preuves de talent comme ingénieur militaire, eut aussi l'occasion de faire briller son génie dans les arts. C'est à lui qu'on devait la porte en bronze qui ornait l'entrée de la cathédrale avant l'incendie qui l'a détruite, et beaucoup d'autres ouvrages de bronze que nous pourrions citer et sur lesquels son nom est gravé. Mais son plus beau titre de gloire fut la construction du grand Campanile.

En 1155, un architecte vénitien nommé Buono, dont parle Vasari avec beaucoup d'éloge, avait été employé à l'érection du Campanile de Saint-Marc, par le doge Dominique Morsini; le désir de rivaliser de magnificence avec Venise éveilla chez les Pisans la pensée d'en construire un non moins beau et non moins élevé dans leur ville, et en 1174, ils confièrent cette tâche difficile à Bonnano [1]. Celui-ci ne resta pas au-dessous de cette glorieuse charge, et il éleva cette belle tour qu'on peut considérer à juste titre comme un des chefs-d'œuvre du moyen âge.

Nous répéterons à son sujet la remarque que nous avons déjà faite, c'est que les grands artistes de ce temps ne cherchaient pas leur renommée dans des innovations dangereuses ou dans le complet abandon des principes appliqués par leurs devanciers. Nous retrouvons en effet, dans cette belle tour les arcades du dôme et du baptistère surmontées des mêmes loges à jour dont la légèreté contraste si bien avec l'aspect plus sévère des parties inférieures. Leur génie s'emparant, ainsi que le faisaient les anciens, de types qu'ils considéraient comme véritablement beaux, ils les pliaient aux divers besoins à satisfaire et aux exigences de l'harmonie. Rien n'est plus varié dans ses formes et ses effets que les quatre merveilles d'architecture réunies sur la place de Pise, et cependant tout y est semblable dans les éléments qui les composent.

Bonnano fut moins heureux pour sa construction que pour le choix des formes élégantes dont il sut revêtir son œuvre, et le sol ne pouvant soutenir un si grand fardeau produisit, en s'affaissant, cette inclinaison menaçante qui faillit entraîner une ruine complète. On pense que cet accident fit suspendre les travaux et empêcha l'architecte d'achever son œuvre; mais si Guillaume d'Inspruck la continua après lui, si Thomas de Pise y plaça l'étage des clo-

---

[1] Voir l'*Encyclopédie d'Architecture*, année 1859.

ches, la principale gloire n'en doit pas moins revenir à son illustre fondateur.

ARCHITECTURE CIVILE. — Pour avoir une idée complète de l'époque que nous parcourons, il ne suffit pas d'examiner les monuments religieux que nous avons passés rapidement en revue, il est nécessaire d'arrêter aussi son attention sur ce qui nous reste de l'architecture civile de ce temps. Il est difficile, à vrai dire, de se figurer exactement ses dispositions et son genre de beauté, à cause des révolutions qui ont moins respecté ces constructions que celles abritées par la foi. Leurs ruines méritent cependant de fixer notre intérêt. Elles portent tous les caractères militaires du moyen âge comme les anciens palais de Florence qui ont conservé cette physionomie et qui tiennent plus de la forteresse que de la demeure princière.

C'est ici que l'on remarque une grande différence entre notre architecture féodale et celle du moyen âge en Italie. En France, les villes venaient en général se mettre à l'abri du château fort, demeure des maîtres du pays, et leurs populations semblent pendant longtemps n'avoir été composées que de bourgeois ou de simples paysans. En Italie, au contraire, où des républiques aristocratiques se partageaient le pays, les villes étaient habitées par les grands seigneurs qui, jaloux et méfiants les uns des autres, se retranchaient dans leurs habitations comme derrière des remparts; ils construisaient à l'intérieur des villes, des tours, espèces de forteresses dont la hauteur paraissait indiquer la puissance et la noblesse d'une famille, devint un objet de luxe et de rivalité. Les tours de Pise, dont les soubassements subsistent dans la plus grande partie de la ville, ne peuvent plus malheureusement nous fixer d'une manière précise sur la limite de cette hauteur, parce que les Florentins, en s'en emparant, durent raser des constructions qui excitaient leur méfiance; on n'en voit pas à présent qui dépassent la hauteur de 15 ou 16 mètres, quoiqu'elles aient été bien plus élevées.

Ces restes sont si nombreux que l'opinion des historiens à cet égard ne paraît pas exagérée. Lanci rapporte que cette manière de construire était générale en Toscane, et qu'il estime à dix mille le nombre des tours situées à Pise. Le Muratori croit ce nombre seulement exagéré; le Dempsero l'augmente encore, et d'autres écrivains comparent Pise à une forêt de tours[1].

[1] Le Muratori s'exprime ainsi : *Nobilium locupletum erat*

Les exigences de l'habitation, sur des plans aussi resserrés que nous les voyons, devaient nécessairement faire chercher une extension dans la hauteur pour suffire aux besoins de riches familles. Le peu de largeur des rues indique également la valeur du terrain et le soin qu'on prenait de l'utiliser le plus possible; la largeur de la rue du Bourg, sans doute la principale de la ville, n'excède pas 4ᵐ,55 en certains endroits et la *Via delle belle Torri*, qui, d'après son nom, semble devoir être rangée parmi les plus belles, n'a pas en moyenne plus de 5ᵐ,50. Il ne faut pas encore oublier que cette largeur était réduite, dans les parties supérieures, par l'avance des balcons et les encorbellements des toits, de manière que l'espace réservé au passage de la lumière n'atteignait pas 3 mètres. Habitués que nous sommes aux larges rues modernes, nous avons de la peine à nous rendre compte de ce que devaient être ces ruelles profondes encaissées dans des constructions de 30 à 40 mètres de hauteur.

Il est probable cependant que toutes les voies publiques ne se trouvaient pas dans cette condition, et, sans parler du Bourg qui était accompagné de portiques, il est certain que les quais n'étaient pas aussi rétrécis et ne présentaient pas un aspect aussi sombre. La largeur du fleuve devait être la même qu'aujourd'hui, à en juger par celle des ponts qui sont fort anciens, et, comme des constructions non moins anciennes bordent les quais en certains endroits, il faut en conclure qu'ils n'ont point été élargis.

Planche XI.— Il reste peu de constructions civiles assez bien conservées pour qu'on puisse apprécier nettement leur caractère primitif; une des mieux conservées et des plus anciennes est située derrière San Frediano, tout près des restes antiques appelés *Porta Aurea*, dont nous avons déjà parlé. A rez-de-chaussée, on voit encore deux larges baies qui se terminent en plates-bandes soutenues par des consoles. A la même hauteur, en retour sur la façade, d'autres consoles semblables paraissent être destinées à porter le pied de pièces de bois pour soutenir un balcon au premier étage. Au-dessus de cette

gloria turres habere. Quo tempore urbes Italiæ singulæ multis turribus inclitæ florebant.

Le Dempsero en porte le nombre à 15,000 et il ajoute : *Ogni casa era una torre, e tutte quelle, che avevano i merli ciascuna armava una galera.*

« Chaque maison était une tour et quand une tour était crénelée, son propriétaire était dans l'obligation d'armer une galère. »

assise, s'élèvent deux arcades en ogive qui se trouvent coupées en deux par un poitrail; un peu au-dessus de ce poitrail, au niveau du second plancher, d'autres consoles soutiennent la lambourde qui portait les planches du balcon.

Immédiatement au-dessus des arcs en ogives, on voit une rangée de trous qui traversent entièrement le mur. Tout l'édifice, jusqu'à cette hauteur, devait être caché si l'on en juge par l'absence complète de moulures et d'ornements; à ce dernier étage, dont le haut est démantelé, il y a plus de richesse; les moulures et le joli chapiteau roman qu'on y voit sont la preuve que le fond de la construction devenait alors visible. Mais au-dessous, quelles étaient les saillies? De quoi se composaient-elles? Et surtout quels remplissages peut-on supposer dans les larges baies qui ne pouvaient rester ouvertes? Rien dans les constructions existantes ne peut en donner l'explication. Quant aux balcons, ils étaient couverts et construits en bois, ce qui est confirmé, d'ailleurs, par les peintures du Campo-Santo.

A l'intérieur de la maison qui nous occupe, deux grands arceaux, plus larges que ceux de la façade, sont ouverts dans le mur de refend qui traverse toute la maison. On y voit aussi avec intérêt un ancien plancher se composant de solives portées à une extrémité sur une grande poutre qui repose sur deux consoles, et à leur autre extrémité, sur une lambourde soutenue elle-même par plusieurs petites consoles en pierre et irrégulières. Le plancher du dessus, qui n'existe plus, posait sur un système semblable de consoles, mais dans une position perpendiculaire au premier, de manière à charger tous les murs également.

Ces premiers étages renfermaient probablement les appartements principaux et les chambres d'habitation que les balcons rendaient plus agréables. Au-dessus, devaient alors se trouver les salles d'armes et les petits arsenaux des tours. Les seuls renseignements que nous puissions avoir sur les couronnements se trouvent dans les peintures du Campo Santo qui, quoique postérieures, ont dû les retracer fidèlement. Il est probable que dans les petites habitations, la tour composait tout l'édifice; mais que dans les grandes la tour ne s'élevait que sur un point plus restreint. Le palais del Podestà et le Palais-Vieux, à Florence, viennent à l'appui de cette hypothèse, et donnent à croire que les tours étaient souvent terminées par une plate-forme et des créneaux.

Dans la Via Santa Maria, près du cabinet d'Histoire naturelle, on remarque une série de ces sortes d'habitations, toutes composées de la même manière, avec de grands arceaux dans le bas et des baies plus petites au-dessus. Les consoles en pierre y sont souvent accompagnées de trous dans lesquels se plaçait la charpente des balcons; d'autres consoles prennent la forme de crochets pour mieux retenir la lambourde.

La plupart de ces constructions, comme semblent l'indiquer le peu de profils et d'ornements qui servent à préciser l'époque, datent des XIIe et XIIIe siècles.

Avec le XIIe siècle l'art pisan semblait s'éteindre; nous le verrons briller encore au commencement du XIIIe siècle, et les noms de Nicolas et de Jean de Pise sont assûrément bien dignes de figurer à côté de ceux de Buschetto, de Dioti-Salvi et de Bonnano; mais l'art gothique, dont les Italiens n'eurent jamais le sentiment, introduisit dans leur école la recherche, l'affectation d'un style qu'ils ne comprenaient pas, et nous y reconnaîtrons des marques certaines de décadence; les portails n'accuseront plus la véritable forme des églises, leur richesse sera un masque au lieu d'être une parure, et leur élégance disparaîtra sous une surcharge d'ornements inutiles; les plans n'offriront plus la disposition si sage et si belle de la basilique, leur composition deviendra plus vague et plus molle; enfin les restes d'une école rendue impuissante par la ruine de sa patrie vont se répandre dans diverses parties de l'Italie, à Florence surtout, où ils serviront de germe à la plus belle des renaissances modernes.

III

Décadence et Dispersion de l'École.

Guidetto.—*Cathédrale de Lucques.*—Une des premières œuvres importantes du commencement du XIIIe siècle est sans contredit la façade de la cathédrale de Lucques; l'habitude qu'ont toujours eue les Italiens et qu'ils conservent encore de multiplier les inscriptions commémoratives, nous a conservé le nom de l'architecte Guidetto et la date de la fondation, 1204, postérieure à l'origine de l'église elle-même.

Cette façade, comparable à celle de Pise sous beaucoup de rapports, nous semble par l'ajour de son porche mieux répondre que celle-ci à la grande pensée d'une église devant offrir un abri, même à ceux qui ne sont pas encore entrés. Cependant les beaux et sévères principes de Buschetto commencent

4

ici à s'effacer et l'ornementation par son exubérance menace de détruire entièrement les formes austères de l'architecture romane.

Devant cette décoration envahissante, il semble qu'on assiste au même spectacle que l'art offrit en France lorsque le gothique flamboyant se mêla aux lignes tranquilles du XIII° siècle ou que plus tard les contournements du temps de Louis XV défigurèrent les mâles profils du siècle de Louis XIV. A partir du commencement du XIII° siècle, en Italie, cette pente sur laquelle déclinait l'architecture romane devient de plus en plus rapide. Le portail de l'église de Saint-Michel à Lucques, qu'on dit être aussi de Guidetto, est un des exemples les plus frappants de ces excès. Il se compose d'un grand mur qui masque et qui défigure la vraie forme de l'église. L'imagination la plus bizarre semble y avoir réuni ses extravagantes fantaisies; les colonnes, couvertes d'énormes bas-reliefs ou contournées en tous sens, y ont perdu leur noblesse et leur élégance; des sculptures où les règles les plus simples du dessin sont oubliées surchargent partout les frises et les tympans et fatiguent l'œil de leurs richesse sans mesure.

NICOLAS DE PISE.—C'est au milieu de cette décadence du roman que parut Nicolas de Pise; son génie lui fit bientôt comprendre combien l'excès est contraire au bon goût et ses œuvres devinrent aussitôt plus simples et plus sages. Frappé des débordements de l'architecture, il chercha à les éviter en s'appuyant sur les formes plus sévères de l'architecture gothique du nord au XIII° siècle; c'est dans cette pensée qu'il exécuta à Bologne le tombeau de *San Domenico Calagara*. Mais en même temps que le sentiment de l'art gothique pénétrait dans ses œuvres, la vue des chefs-d'œuvre antiques que les Pisans rapportèrent de leurs voyages en Orient donnait à sa sculpture un caractère de pureté que ses devanciers n'avaient pas connu; un beau sarcophage antique, sur lequel était sculpté l'histoire de Méléagre avec la chasse du sanglier montra à Nicolas combien ses contemporains étaient inférieurs aux anciens et lui inspira l'idée d'imiter leur perfection de dessin. Une de ses œuvres les plus remarquables en sculpture est sans contredit le pupitre du baptistère de Pise qu'il exécuta en 1260; la correction du dessin s'y allie à cette naïveté particulière au moyen âge, et ce mélange si rare est un des premiers titres de gloire de ce grand artiste.

Son génie ne s'appliqua pas moins à l'architecture, et c'est sous ce point de vue surtout que nous devons le considérer. Il éleva à Bologne l'église Saint-Dominique, dont les hautes murailles, austères et sans ornements contrastent si énergiquement avec les tristes exemples que nous avons signalés.

Planche XIII.—A Pise, il construisit le campanile de l'église Saint-Nicolas, un de ses ouvrages les plus remarquables. Il plaça à l'intérieur de la tour un escalier qui s'enroule en spirale; l'emmarchement est interrompu de distance en distance par des paliers; dans sa partie supérieure la tour cylindrique se change en un polygone de seize côtés décorés en dehors par seize colonnes isolées en marbre blanc. A cette hauteur l'escalier est coupé par une voûte, il se continue ensuite jusqu'à l'étage hexagonal des cloches lequel également soutenu par des colonnes en marbre blanc, est couvert par une coupole de forme pyramidale.

Les matériaux de cet édifice sont excellents et la construction en est très-soignée. Les colonnes sont en différents marbres et en granit; jusqu'à la quinzième à partir du rez-de-chaussée, cinq d'entre elles sont en granit oriental, et les autres en marbres cipollini, brecciati et mischi; les neuf dernières sont en marbre blanc de Pise.

Cette tour, comme le campanile de la cathédrale, penche très-sensiblement, mais on n'y remarque pas de même les corrections successives faites pour en rétablir l'aplomb, d'où il faut conclure que l'inclinaison de l'édifice eut lieu après son achèvement.

Cette tour, quoique de proportions relativement assez petites, est une des plus belles que nous connaissions; elle a excité l'admiration de Vasari qui s'exprime ainsi en en parlant : « *La più bella, ingegnosa e più capricciosa architettura che facesse mai Niccola fu il campanile di San Niccola di Pisa, dove stanno i fratti di San Agostino.* » Bramante s'associa à cet éloge en s'en inspirant pour l'escalier qu'il fit au Vatican sous Jules II.

Planche XII.— L'église elle-même doit être antérieure à la tour; il ne reste plus de la façade que des fragments perdus sous le portail moderne. Dans la restauration que nous en avons essayée, on remarquera l'arc de droite, qui conduisait peut-être à un couvent, et dont il ne reste aujourd'hui qu'une retombée en pierre.

Nicolas de Pise nous a encore laissé beaucoup d'autres traces de la fécondité de son génie. En 1240, il donna les dessins de l'église Saint-Jacques à Pistoïa, et revêtit l'abside de mosaïques qui furent exécutées par des artistes toscans. Il bâtit à Padoue l'église

Saint-Antoine, dont l'extérieur assez sévère rappelle un peu celui de Saint-Dominique de Bologne; le plan est rempli de mouvement et son effet est très-pittoresque. On retrouve dans cette église la coupole conique qui fut peut-être une imitation de celle du baptistère de Pise; à l'intérieur, l'aspect mystérieux des nefs et les grands arcs gothiques qui les soutiennent sont bien en harmonie avec la façade.

A Venise, Nicolas construisit l'église des Frères mineurs. Il donna les dessins de l'église Saint-Jean à Sienne; à Florence, il fit le projet de la Trinité, dont Michel-Ange admirait beaucoup la façade. Charles Ier, roi de Naples, l'appela près de lui pour élever une église et une magnifique abbaye en souvenir de la victoire qu'il avait remportée sur Conradin. L'Italie tout entière a gardé dans de nombreux monuments le souvenir des talents de Nicolas. Faenza, Arezzo, Assise, Cortone et les villes que nous avons déjà citées se disputèrent l'honneur de l'employer.

On dit qu'on lui doit encore les plans des églises Sainte-Catherine (Pl. XIV, XV) et Saint-François à Pise; mais ici, quelle que soit l'admiration que mérite ce grand homme, on ne peut se refuser à reconnaître l'infériorité de ces églises, en comparant leurs plans à celui des basiliques. Sans doute une grande nef, sans points d'appui, qui a l'avantage de découvrir complétement le chœur, est peut-être au premier coup d'œil d'un effet plus saisissant; cependant l'aspect reste toujours le même, et la perspective qui ne change pas finit par sembler monotone. Dans les basiliques, au contraire, les colonnes légères qui les soutiennent permettent à la vue de pénétrer partout, en ne lui opposant que de légers obstacles qui lui laissent encore quelque chose à deviner et chaque pas qu'on fait dans ces vieilles églises, fait surgir des perspectives nouvelles. Cependant bien qu'on puisse reprocher aux plans de Nicolas de Pise la monotonie et l'uniformité de leurs effets, il serait injuste de refuser à ce grand artiste une large part de gloire au milieu de ses contemporains; s'il eut le tort de s'éloigner des traditions de Buschetto, il sut pourtant réprimer les excès de l'architecture romane. Son influence sur les arts, si grande pendant sa vie, ne devait pas s'éteindre avec lui, et son école, qu'on peut considérer comme la troisième période du style pisan, fut continuée longtemps après sa mort.

JEAN DE PISE. — Un de ses élèves les plus remarquables fut son propre fils, Jean de Pise, qui hérita de son talent en architecture et en sculpture. Ses premiers travaux eurent lieu en collaboration avec son père; on lit leurs noms au campanile de Sainte-Marguerite, à Cortone : *Nicholaus et Joannes*, et c'est peut-être pendant cette collaboration qu'il restaura la jolie petite église de la Spina, où son mérite commença à se faire remarquer.

Planches XVI et XVII. — *Eglise de la Spina*. — Il est, du reste, assez difficile de se rendre exactement compte de la part qui doit lui être attribuée dans cet édifice, que plusieurs époques sont venues tour à tour marquer de leur style. La première construction fut exécutée en 1230 par Gualandi et, suivant toute probabilité, elle ne consistait alors que dans la partie orientale, surmontée des trois pyramides. Cette chapelle formait ainsi un petit sanctuaire s'ouvrant par trois arcades sur le quai, à l'entrée du *ponte Nuovo* qui traversait l'Arno sur ce point. On y avait déposé une épine de la sainte couronne, et chaque passant pouvait alors la voir du dehors et s'agenouiller devant le reliquaire. La restauration du XIIIe siècle allongea l'église, fit le chœur dans l'ancien oratoire et surchargea les façades, surtout la façade méridionale, d'une quantité de statues et d'ornements.

Campo Santo. — Les talents que Jean de Pise déploya dans ces constructions le firent estimer, et on lui donna une preuve éclatante de la confiance publique en le chargeant d'élever le Campo Santo. On sait comme il sut justifier cette confiance, et tout le monde convient que l'édifice qu'il construisit alors est une des merveilles de l'Italie. Ce fut le chef-d'œuvre de son auteur, mais aussi le dernier éclat de l'École pisane, et à ces deux titres, il mérite d'être étudié avec une attention spéciale; nous pensons donc qu'il peut être intéressant de dire quelques mots de son histoire et de sa construction.

Au retour de la Palestine, vers le commencement du XIIIe siècle, les Pisans avaient rapporté, sur leurs vaisseaux, de la terre du Calvaire; on acheta une portion de terrain aux environs de la cathédrale et on démolit des maisons pour y déposer cette terre destinée à couvrir les morts. L'idée du Campo Santo remonte sans doute aux premières années du XIIIe siècle; mais elle ne fut mise à exécution qu'en 1278, sous l'archevêque Federigo. L'inscription qui fait foi de cette date se retrouve sur une des arcades.

A. D. MCCLXXVIII
*Tempore Dni. Federigi Archiep. Pis. et Dni.
Terlati potestatis : Operario Orlando Sardella :
Johanne Magistro edifiante.*

On voit par ce document irrécusable quelle est la date précise [1] de la fondation, et en même temps, une nouvelle preuve de ce que nous avons remarqué au Dôme, en distinguant les différents rôles de l'architecte et du maître des œuvres. On pense que l'achèvement eut lieu en 1283.

Planche XVIII et XIX. — Le plan adopté par Jean de Pise s'adapte mieux qu'aucun autre à un cimetière; c'est celui d'un cloître, lieu de prière et de recueillement silencieux. Suivant l'étymologie grecque, cimetière signifie *dortoir;* là, en effet, rien ne trouble la paix funèbre dans laquelle se sont endormies tant de générations; tous les bruits du dehors se brisent devant ces longues arcades fermées, tout se replie à l'intérieur, tout s'ouvre au dedans et rien ne se répand au dehors. Les seules communications avec la place consistent en deux portes percées sur la façade. Cette façade elle-même se compose d'un simple mur en marbre blanc, décoré de pilastres carrés; ces pilastres, engagés dans le mur, supportent des arcades en plein cintre, et au-dessus, une corniche continue; des têtes sont sculptées entre la retombée de chaque archivolte; près de l'entrée, les têtes sont remplacées par de petits anges en pierre. Outre ces sculptures, on remarque çà et là, comme au hasard, les croquis d'un artiste, de légers sujets que le marbre semble avoir gardés pour prouver la facilité et le laisser-aller des ouvriers de ce temps.

Ces arcades de la façade, ainsi que celles intérieures, montrent que l'arc aigu, même au XIII° siècle, n'était point encore naturalisé à Pise; les meneaux des fenêtres, qui accusent la forme ogivale, ont été établis après coup.

La vaste enceinte du Campo Santo a la forme d'un parallélogramme dont les deux grands côtés comprennent chacun vingt-six arcades, et les petits, chacun cinq seulement. La chapelle du cimetière, qui se prolongeait, dans l'origine, plus loin qu'aujourd'hui, est adossée au portique de l'orient; nous avons retrouvé au-dessous de la construction moderne, le même système de décoration que sur la façade extérieure du Campo Santo, les mêmes pilastres en marbre avec les mêmes profils et les mêmes dimensions. L'extrémité en était probablement terminée par une tribune, comme toutes les églises d'alors; mais les murs, aujourd'hui en arrachement, ne laissent aucune certitude s'établir à cet égard.

Planche XX. — Toutes les arcades intérieures posent sur des pieds-droits fort exhaussés, sous lesquels règne un soubassement continu. La construction est soignée et tout en marbre blanc tiré des montagnes de Pise. Les dalles qui portent des inscriptions funéraires et des bas-reliefs recouvrent des tombes où les familles pisanes les plus illustres ont reçu la sépulture; on en compte plus de six cents.

Ce fut bien après la construction primitive qu'on ajouta dans les fenêtres les longs fuseaux gothiques qui découpent si mystérieusement le jour sous les portiques. Une inscription [1] gravée sur un des pilastres nous apprend que cette addition fut faite en 1364, et donne quelques détails sur les auteurs de ces ornements. Des rainures tracées dans les colonnettes semblent indiquer qu'à une certaine époque, on avait eu l'intention de les vitrer.

Sur les murs intérieurs, en face des grandes baies dont nous parlons, on admire encore d'anciennes peintures que le temps a beaucoup dégradées, mais qui ont conservé au milieu de leur simplicité une grâce merveilleuse. Le dessin n'y est pas si pur que sous la renaissance du XV° siècle; peut-être un goût sévère y blâmerait certaines bizarreries et pourtant si la peinture a jamais possédé à un degré éminent cette poésie naïve que nos siècles usés ne connaissent plus, c'est sur ces vieux murs ne soutenant plus qu'à peine leurs trésors qu'il faut la chercher. On y verra le soin que ces grands artistes apportaient aux moindres détails et cette timidité séduisante qui accompagne toujours les débuts d'un art nouveau; on sentira la foi presque enfantine qui dirigeait leur main et pénétrait dans leurs œuvres aussi candides que gracieuses; et, plus tard, quand notre admiration s'arrêtera devant les immortelles compositions du XVI° siècle, nous nous rappellerons toujours ces vieilles fresques avec le même charme et le même attrait qui ramène le cœur de l'homme aux scènes de son enfance.

Les principaux peintres qui prirent part à ces travaux furent Giotto, Orcagna, et Benozzo Gozzoli.

---

[1] Quatremère de Quincy, en la fixant en 1218, époque impossible si l'on songe que Jean de Pise n'est mort qu'en 1320, a copié probablement la faute d'impression qui se trouve dans Morrona.

[1] *D..... de Medicis. Archiepo. Pisano Antonius Jacobi almi Templi Pisani Operarius sacri hui et inter mortales. preclarissimi sepulcri opus I.I.I.I. Arcubus XXVIII. Q3 perforatis fenestris marmoreis III. ann. Sua diligentia perfigi Curavit D.1 An MCCCCLXIII.*

Quoique ces noms tous florentins indiquent que Pise allait chercher des artistes hors de son sein, cependant cette ville n'était pas dépourvue de grands peintres; on cite parmi eux, au XIIIe siècle, le célèbre Giunta qui fut pour la peinture ce que Buschetto avait été pour l'architecture; comme Buschetto il puisa ses inspirations en Orient; ses tableaux sont toujours empreints du style grec, et l'usage était tellement répandu alors d'y emprunter les moindres détails que les inscriptions qu'on y voit encore sont écrites en grec : Giunta eut pour successeur Cimabue, puis Giotto dont nous admirons les œuvres au Campo Santo.

Ce n'est point seulement dans cette belle et imposante architecture que Jean de Pise montra son génie dans les arts; précisément en 1283, année de l'achèvement du Campo Santo il était appelé à Naples par le roi Charles d'Anjou pour la construction du Château Neuf; on retrouve encore de ses ouvrages à Pistoïa, à Prato, à Pérouse, à Arezzo, à Bologne, surtout à Sienne, où on lui attribue la splendide façade du Dôme.

Comme beaucoup de grands hommes de ces fortes époques, il savait avec la souplesse du génie manier l'art dans plusieurs de ses formes; il était grand architecte, sculpteur distingué et habile fondeur. Il a sculpté à Pise la chaire de la cathédrale dont une partie subsiste aujourd'hui, et le petit tabernacle gothique qui surmonte une des entrées du Campo Santo; une figure adorante qu'on y voit passe même pour être son portrait. Il mourut en 1320 dans un âge très-avancé et fut, selon ce qu'on rapporte, enterré dans le même tombeau que son père; ce tombeau fut placé dans le Campo Santo, et comme Buschetto, Jean de Pise eut ses cendres abritées par les murs qu'il avait élevés.

Cette carrière prodigieuse, comparable à celle de Michel-Ange pour la durée et l'activité, remplit son pays et son siècle; Pise devenue trop petite et trop pauvre pour alimenter un génie si fécond lui laissa dépenser chez les républiques rivales les trésors de son talent et de son imagination. La décadence des arts y suivait pas à pas la décadence politique, et par une singulière coïncidence, l'année qui voyait s'achever le Campo Santo, le dernier effort remarquable de l'école de Buschetto, assistait presque aussi à la célèbre bataille de la Melloria qui fut pour Pise un désastre irréparable.

Il ne nous reste plus maintenant qu'à suivre au milieu de tristes essais de gothique les dernières lueurs de ce style roman si brillant aux XIe et XIIe siècles.

F. GUGLIELMO.—Nous voyons d'abord parmi les élèves de Nicolas et de Jean de Pise un frère dominicain qui avec moins d'éclat que ses maîtres s'appliqua cependant heureusement à la sculpture et à l'architecture. Certains documents feraient croire qu'il descendait de l'illustre famille degl' Agnelli et on dit qu'il naquit à Pise. Dans un manuscrit de l'Université de cette ville on trouve son portrait fait à la plume et ombré à l'encre, sous lequel on lit :
Guglielmo Beato Agnelli dell' ordine de' Predicatori.

D'après des vers léonins transcrits par l'abbé Grandi, Camaldolese, et d'autres anciens documents tirés du monastère de Saint-Michel in Borgo, on peut affirmer que Guglielmo fut le véritable auteur de la façade de Saint-Michel in Borgo.

Saint-Michel in Borgo.—Planche XXI.—Dans cette façade (1304)[1] qui lui a mérité le plus grand renom, il substitua les arcs en ogives à l'usage des arcades en plein cintre; c'est là pour la première fois que nous rencontrons cette innovation; encore est-elle si timide qu'au rez-de-chaussée l'architecte a conservé les arcs circulaires. Cette espèce d'anomalie est le cachet distinctif de ce portail qui, par la fermeté de la partie inférieure et l'élégance des loges disposées au-dessus, est digne d'une attention spéciale.

Planches XIV et XV.—*Sainte-Catherine.*—On attribue également à Guglielmo la façade de l'église Sainte-Catherine à Pise, qui porte l'empreinte du même goût; les trois arcades du rez-de-chaussée y sont d'un caractère plein de fermeté et les arcatures ogivales du haut rappellent le style de Saint-Michel in Borgo. Le motif carré du milieu, si peu en rapport avec le reste de la façade, paraît être, d'après ce qu'on connait, des compositions de cet artiste d'une époque postérieure.

Comme la plupart de ses prédécesseurs, Guglielmo n'excella pas moins en sculpture qu'en architecture. Dans son livre : *Degli uomini illustri Domenicani*, F. Leandro Alberti l'appelle *Optimus lapidum sculptor.* Nous avons des preuves incontestables de son talent, dans les bas-reliefs qu'il a sculptés à l'église

---

[1] *An. 1304, abbas Andreas de Vulterris, Qui tunc preerat predicto Monasterio.... Edificavit residuum suprascripte Ecclesie, Et tectum, et frontespitium Ecclesie Mirificum ex lapidibus marmoreis ex latere Burgi.*

d'Orvieto. Il mourut en 1312, plusieurs années avant Jean de Pise.

ANDRÉ DE PISE.—Parmi les contemporains de ces architectes, et quoique Pise n'ait conservé chez elle aucune trace de ses travaux, nous devons mentionner André comme un des membres les plus brillants de l'école. Il forma son goût sur l'étude des tombeaux pisans et sur les dessins de Giotto ; il travailla surtout à Florence, où il fut chargé de la construction d'une façade pour le dôme, de la fonte en bronze d'une des portes du baptistère, et enfin d'ouvrages considérables pour les fortifications de la ville. A Pistoïa, il construisit l'élégant baptistère de la cathédrale, où les formes sévères du roman s'allient si harmonieusement à la légèreté et aux silhouettes élancées de l'art gothique. A Venise, il donna le dessin du grand arsenal ; enfin, il mourut à Florence, sa patrie d'adoption, à l'âge de 75 ans, et il fut, en 1345, enseveli à Sainte-Marie-des-Fleurs ; on lisait sur son tombeau une inscription qu'on ne retrouve plus aujourd'hui et que Vasari nous a conservée [1].

THOMAS DE PISE.—Dans ces siècles de tradition, nous voyons presque toujours les fils des grands architectes devenir leurs élèves, et s'appliquer à suivre leurs exemples. C'est ainsi que Thomas, fils d'André, hérita d'une partie des talents de son père, et profita des leçons qu'il en avait reçues. Il travailla même avec lui à Florence en 1330.

Il construisit seul le maître autel de l'église Saint-François à Pise ; au milieu étaient représentés la sainte Vierge et l'enfant Jésus, et dans la partie inférieure des bas-reliefs symétriquement disposés, on y lisait : *Tommaso. Figliuolo : Ch.... stro Andrea F.... esto lavoro : e fu Pisano.* C'est-à-dire en suppléant aux lacunes : « Thomas qui fut fils de son maître, fit cet ouvrage et fut Pisan. »

L'œuvre capitale de cet architecte fut l'achèvement ou plutôt le couronnement de la Tour penchée. La manière dont il disposa les cloches est assez ingénieuse, et il se raccorda harmonieusement avec les étages du dessous. On sait que ce campanile se compose de quinze entre-colonnements à rez-de-chaussée, et de trente aux étages supérieurs. Pour le service des cloches, il lui fallait des entre-colonnements en nombre pair et une division assez grande. Il fit correspondre un des arcs de l'étage des cloches à cinq des étages inférieurs, dissimulant cette différence, et corrigeant un peu le hors-d'aplomb par les degrés extérieurs qui éloignaient le dernier rang d'arcades de l'aplomb des parties du dessous ; il divisa l'étage des cloches en six entre-colonnements, de sorte que les étages intermédiaires sont une heureuse transition entre le nombre des arcades du bas et celui du haut. En couronnant le campanile par cette gracieuse disposition, Thomas put faire consacrer à sa véritable destination cet édifice qui paraissait destiné à périr avant d'être terminé ; ce fut son plus beau titre de gloire, et le dernier rayon que l'art devait faire briller sur Pise avant de s'en éloigner pour répandre son éclat sur d'autres points de l'Italie.

L'école pisane, magnifiquement inaugurée par Buschetto, ne produisit plus rien dans la ville qui fut son berceau, et ses débris furent dispersés, perdus complètement ; mais les arts ne devaient pas abandonner l'Italie, leur seconde patrie après la Grèce. A peine chassés d'une ville, ils se réfugiaient dans une autre, et Florence eut alors l'honneur de leur donner un asile splendide. Ici commence l'histoire de la renaissance florentine que les noms de Brunelleschi, de Baccio d'Agnolo, de Ghiberti, de Benvenuto rendirent si célèbre et si florissante ; ici s'ouvre cette nouvelle école qui commence à Giotto et à Arnolfo di Lapo pour ne finir qu'à Michel-Ange. Un peu plus loin, nous verrions le gothique à peine admis en Italie comme un hôte étranger, en être chassé par le retour aux formes antiques et par les grâces séduisantes de la renaissance des Médicis. La finesse grecque semble alors se mêler aux accents plus mâles des Romains ; la délicatesse et la force antiques paraissent réunies dans ce nouvel art, et cependant il y manque ce charme qui nous captive si profondément à San Miniato et au dôme de Pise. Les plans de Brunelleschi sont plus savants et plus étudiés que le plan de Buschetto ; pourquoi donc celui-ci n'a-t-il pas été surpassé pour le sentiment religieux dont son œuvre nous pénètre ? pourquoi cette sorte de secret n'a-t-il été saisi par aucun de ses successeurs ? ne serait-ce pas qu'une étude trop recherchée détourne parfois des idées simples et naturelles ? Buschetto, au contraire, satisfaisant sans prétention au beau programme que son génie et sa foi s'accordaient à remplir, créa une œuvre incomparable ; il négligea les combinaisons ingénieuses et les détails qui font le charme du XVᵉ siècle, pour ne songer qu'aux grandes dispositions, seules capables d'émouvoir l'âme fortement. C'est peut-être la cause de l'attrait mystérieux

---

[1] Ingenti Andreas jacet hic Pisanus in urna
Marmore qui potuit spirantes ducere vultus
Et simulacra Deum mediis imponere templis
Ex ære ex auro candenti et pulchro elephanto.

qu'exercent les vieux édifices que nous avons rapidement passés en revue, et si notre admiration, séduite par la grâce et la délicatesse du xvᵉ siècle se perd dans les détails, rappelons-nous toujours ces grandes époques qui témoignent de la force créatrice de la foi, et devant les magnifiques monuments qu'elles nous ont laissés, songeons que la puissance des convictions peut seule guider nos arts égarés aujourd'hui dans le labyrinthe des incertitudes.

Georges Rohault.

TABLE DES PLANCHES

Planche I. . . . . Eglise Saint-Paul (plan et élévation).
Planche II. . . . . . . Eglise San Pietro à Grado (plan et coupe).
Planche III. . . . . . Plan de Pise (restes d'architecture du moyen âge).
Planche IV. . . . . . . Plan du dôme.
Planche V. . . . . . . Coupe transversale du dôme.
Planche VI. . . . . . . Façade principale du dôme.
Planche VII. . . . . . Perspective intérieure du dôme (prise dans le transsept).
Planche VIII. . . . . Eglise du Saint-Sépulcre (élévation et plan).
Planche IX. . . . . . . Plans du Baptistère.
Planche X. . . . . . . Coupe du Baptistère (état actuel et restauration).
Planche XI. . . . . . . Tour servant à l'habitation (élévation, coupe et plans).
Planche XII. . . . . . Façade de l'église Saint-Nicolas (restauration).
Planche XIII. . . . . Coupe et plans du campanile de l'église Saint-Nicolas.
Planches XIV-XV. . Eglise Sainte-Catherine (plan et élévation).
Planche XVI . . . . . Eglise de la Spina (élévation).
Planche XVII. . . . . Eglise de la Spina (coupe et plan).
Planches XVIII-XIX Campo Sancto (élévation et plan).
Planche XX. . . . . . Campo Sancto (coupe transversale).
Planche XXI. . . . . Eglise Saint-Michel in Borgo (façade).

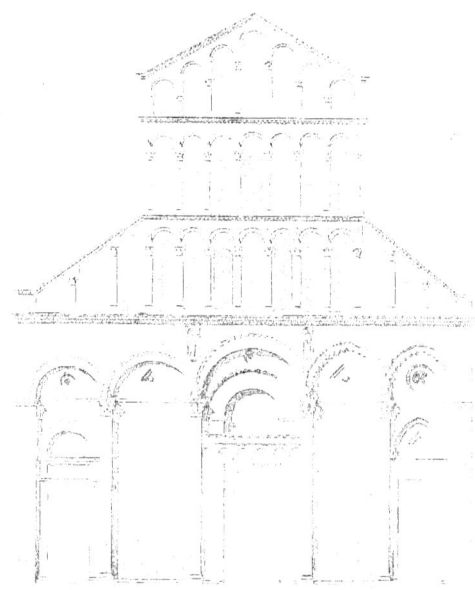

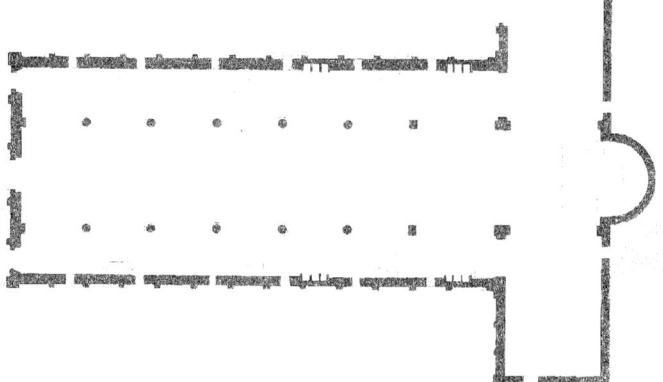

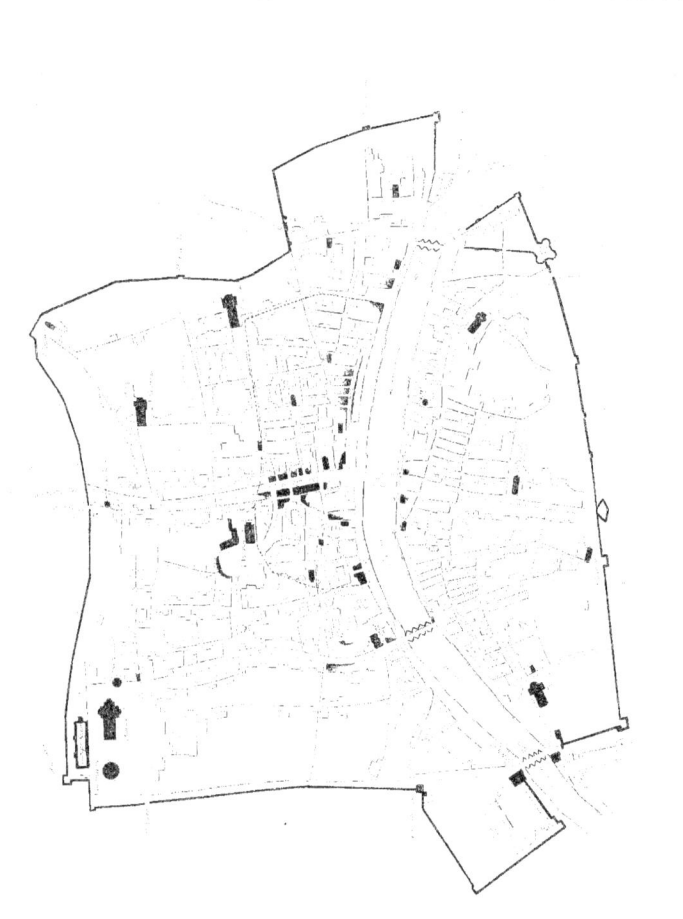

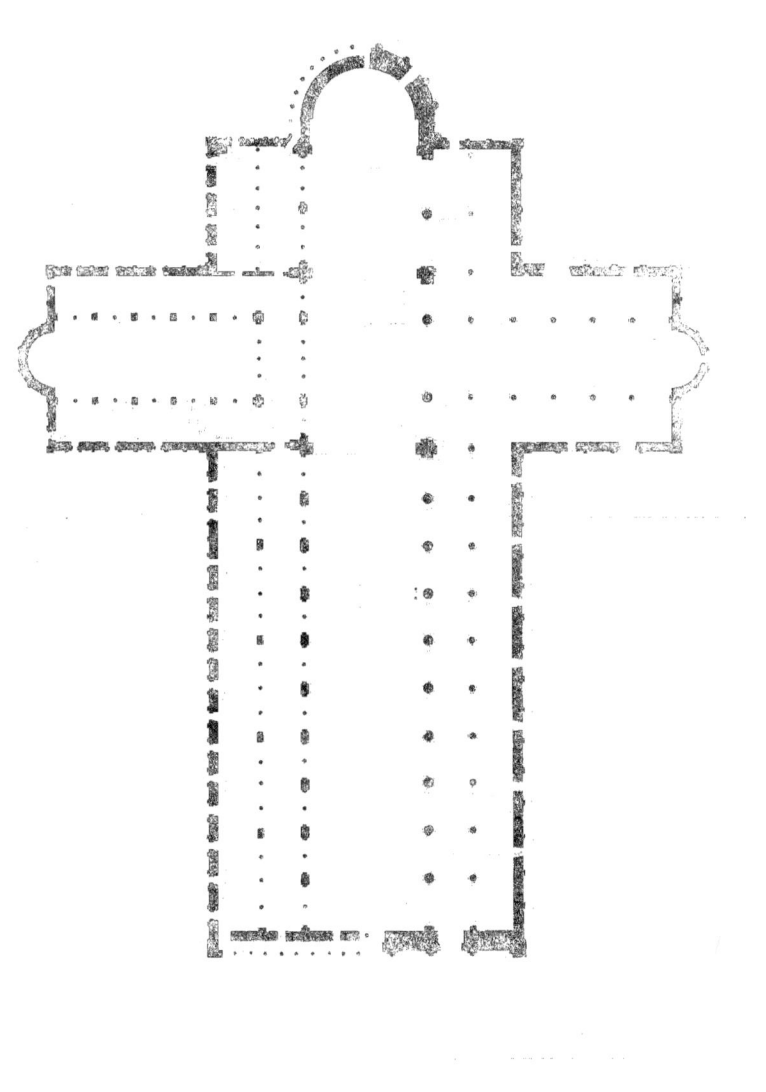

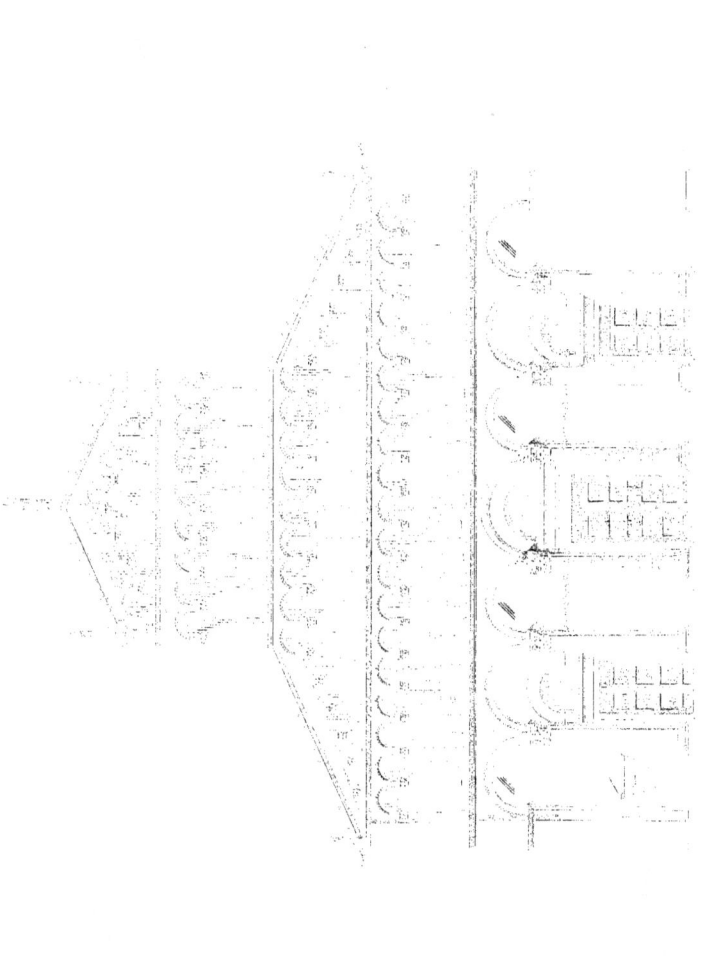

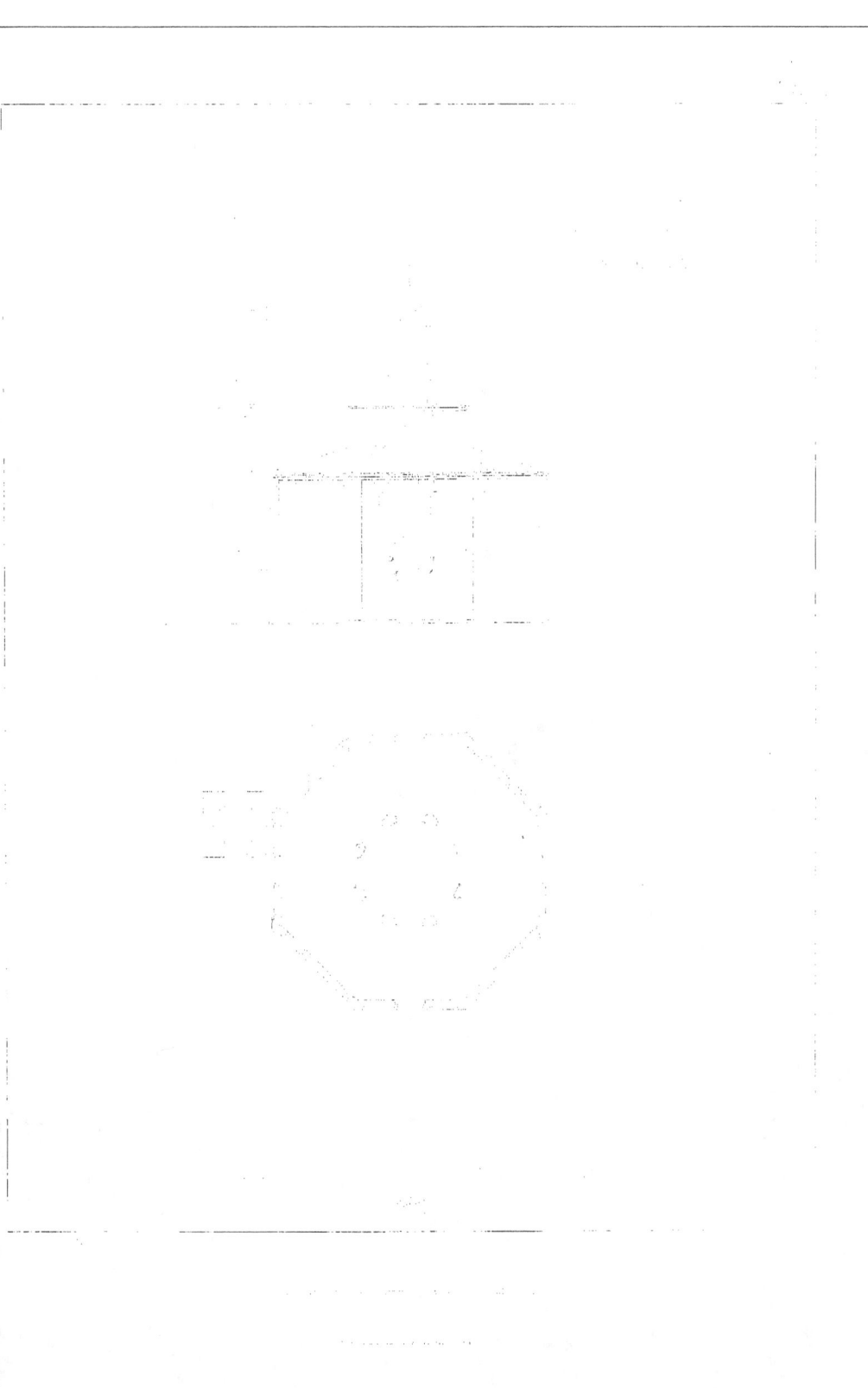

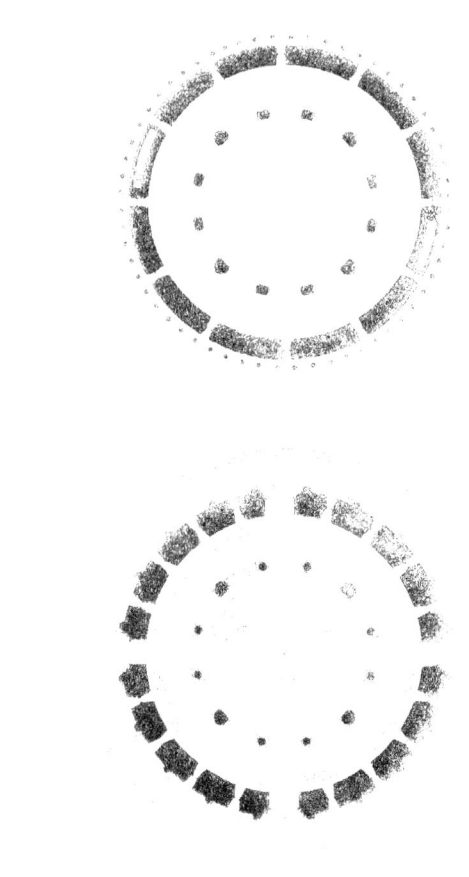

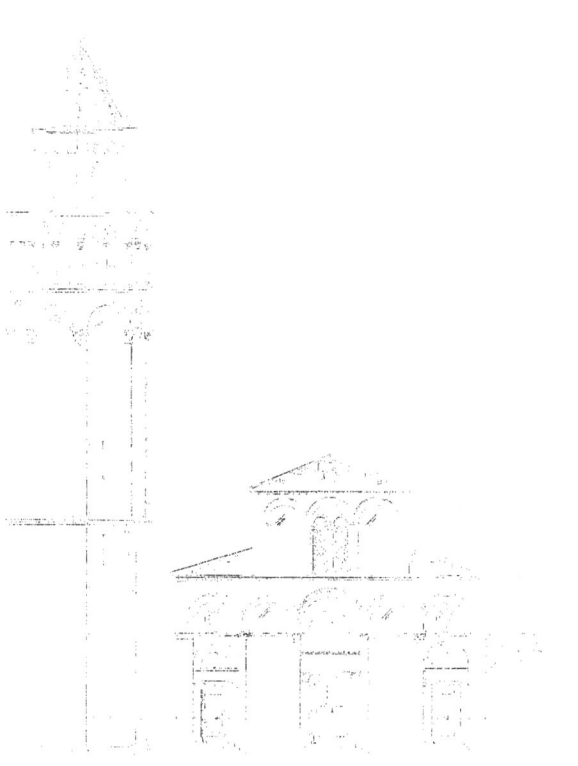

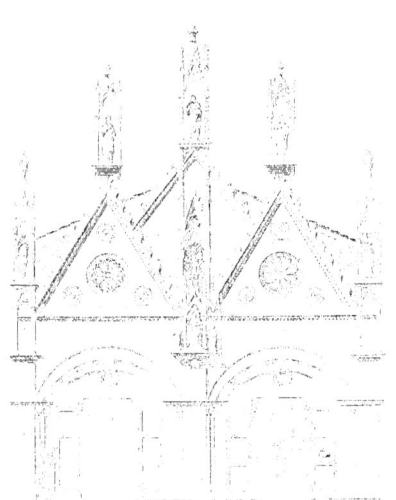

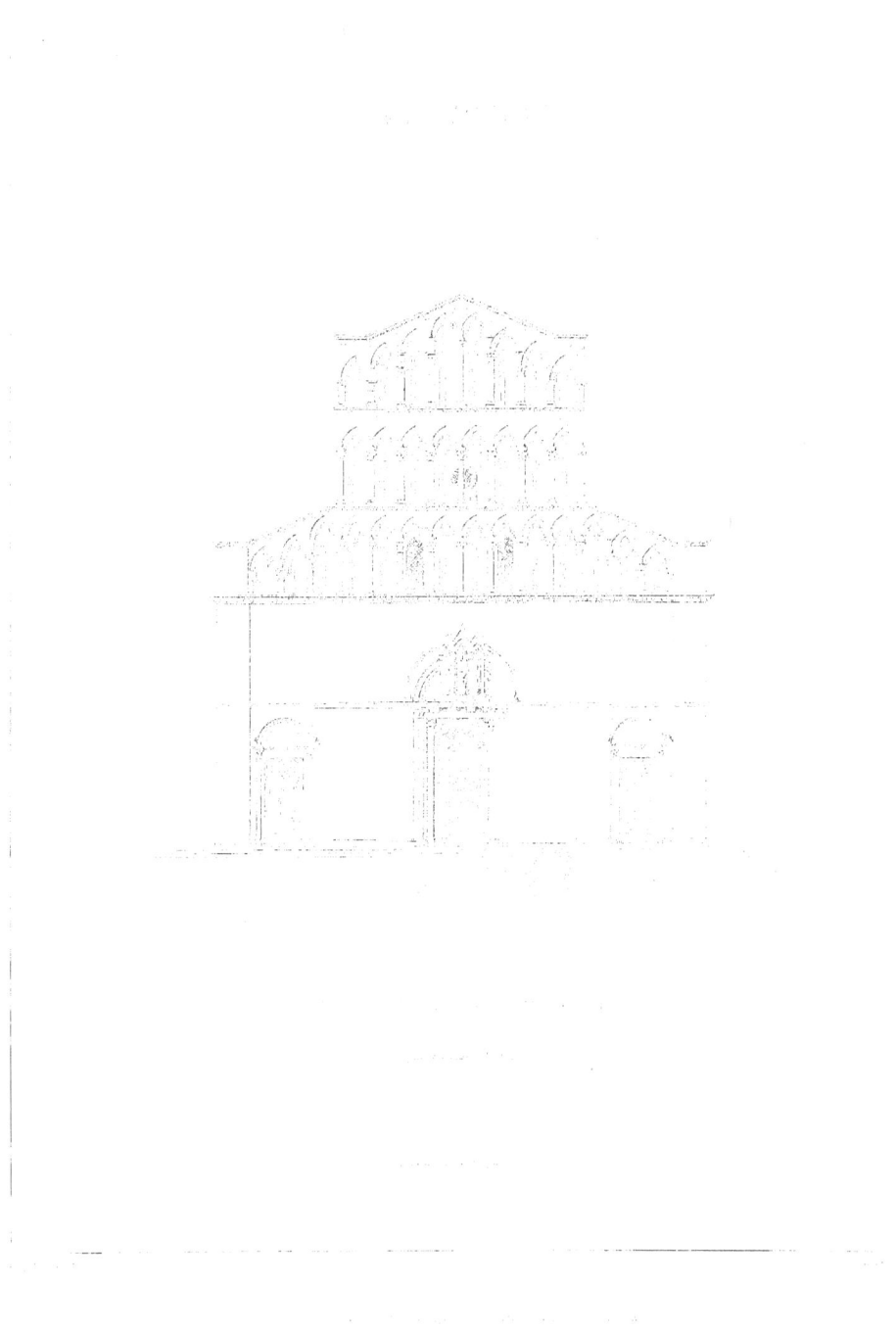

www.ingramcontent.com/pod-product-compliance
Lightning Source LLC
Chambersburg PA
CBHW030101230526
45471CB00003B/1198